LA HISTORIA DEL BOTIJO
ENCONTRADO EN SALAMANCA

ExLibric

MIGUEL F. BALLESTEROS

LA HISTORIA DEL BOTIJO ENCONTRADO EN SALAMANCA

EXLIBRIC
ANTEQUERA 2024

LA HISTORIA DEL BOTIJO ENCONTRADO EN SALAMANCA
© Miguel F. Ballesteros
Diseño de portada: Dpto. de Diseño Gráfico Exlibric

Iª edición

© ExLibric, 2024.

Editado por: ExLibric
c/ Cueva de Viera, 2, Local 3
Centro Negocios CADI
29200 Antequera (Málaga)
Teléfono: 952 70 60 04
Fax: 952 84 55 03
Correo electrónico: exlibric@exlibric.com
Internet: www.exlibric.com

ISBN: 979-13-87528-06-5
Depósito Legal: MA 2627-2024

Impresión: PODiPrint
Impreso en Andalucía – España

Nota de la editorial: ExLibric pertenece a Innovación y Cualificación S. L.

MIGUEL F. BALLESTEROS

LA HISTORIA DEL BOTIJO
ENCONTRADO EN SALAMANCA

Una historia que incluya París, Londres, Salamanca y un botijo constituye un reto imposible de no intentar resolver. La historia con la que me encontré es la que sigue a continuación, y es toda verdad menos lo que es mentira.

MIGUEL F. BALLESTEROS

cerca comprobé que ¡era un botijo!, y, por si fuera poco, llevaba el logo de ESSO dibujado.

Llamé a Marta para que lo viera y, como me pareció curioso, tomé algunas fotos lo más cerca que pude, con la intención de preguntar en Información por el objeto.

Ya a la salida, pregunté a la persona que estaba en la entrada acerca del botijo expuesto.

—Es que querría poder acercarme más para hacer unas fotos más nítidas.

—¿Qué botijo? ¡Si no tenemos ningún botijo!

Por la respuesta pensé que había varios y yo no los había visto.

—Verá, en el museo no hay ningún botijo —me contestó desconfiado, pensando que le estaba tomando el pelo o llamando «botijo» a alguno de los automóviles de la exposición.

—El que está al fondo de la sala principal —respondí, enseñándole las fotos a modo de prueba.

Ante mi insistencia, y probablemente pensando en mi edad y confiando en mi cara de buena persona, le vi dudar. Debió de pensar que debía ser algún tipo de lunático, y que cuanto antes me quitara de encima, mejor.

—Bueno, ¿dónde dice que está?

—En esta planta al fondo —dije yo con timidez.

—Voy a buscar alguien que se quede en mi lugar, espere un momento.

No tardó en encontrar un sustituto, pues sentada en un banco y fumando tranquilamente estaba la encargada de la tienda de información y taquilla, que accedió a hacerle el favor.

—Bueno, vamos, ¿dónde me dices que está?

Le llevé hasta la vitrina, lo miró y dijo:

—¡Es verdad!

—¿Puedo hacer una foto más cerca? —le pregunté.

Asintió y retiró la protección. Cuando nos acercamos más, comprobó que estaba cerrado. Debió de pensar que era una broma de cámara oculta, y que alguien lo había dejado ahí para burlarse de él.

—Llevo veinte años aquí y nunca lo había visto —comentó.

—¿Pero no sabe de dónde viene? —indagué, curioso.

Botijo expuesto en el Museo de la Automoción, Salamanca

—No sé, hay gente que deja aquí sus colecciones.

Seguimos observando desde fuera, y comprobamos que no había ninguna referencia ni de su procedencia ni de su pertenencia a alguna colección. No había rastro que indicara por qué alguien se habría tomado la molestia de pintar el logo de ESSO por ambas caras.

—¿Puede abrir la vitrina para ver si tiene algo escrito en la base? —rogué.

—No tengo las llaves, y además tengo que volver a mi puesto —respondió cortante.

Le hice unas cuantas fotos más y volvimos a la entrada. Ahí le esperaba un guía turístico acompañado por otras cuatro mujeres cubiertas con velos, que aguardaban pacientemente.

—He pensado en utilizar el bono turístico, porque no quieren entrar en la catedral —explicaba el guía en español.

Aproveché para despedirme, viendo como el guía pastoreaba la comitiva hacia la colección, acompañado del empleado que me había atendido.

Antes de salir, se dio la vuelta y exclamó en mi dirección:

—¡No lo había visto nunca!

Me quedé con la idea de que había encontrado un pequeño misterio, no como los de *Cuarto Milenio*, sino un misterio cotidiano. Sin pensar más en ello, subimos a la plaza Mayor, donde cenamos como turistas, o sea, ¡como turistas!

Ya en Madrid, me entró curiosidad por saber más de la marca estampada en el botijo. Había salido de allí con la idea de que sería divertido replicar algún día el objeto y llevarlo en un coche clásico, como se llevaban los perritos que mueven la cabeza. Me resultaba extraño el concepto «botijo» en el mundo del automóvil, y que llevara el logo de ESSO, una marca tampoco especialmente popular. Indagué un poco y descubrí que no había comenzado a operar en España hasta 1964.

También encontré este otro dato interesante: en 1911, la más importante petrolera mundial, la Standard Oil, propiedad de los Rockfeller, fue obligada por las leyes antitrust a fraccionarse en varias empresas, todas ellas con marcas propias. Una de estas se registró con la marca ESSO, cuya pronunciación recuerda a la de su matriz, Standard Oil. La marca se lanzó comercialmente en Estados Unidos en 1926, y en años posteriores se utilizó en Europa según los intereses del momento. Actualmente se encuentra dentro del conglomerado de marcas de la compañía Exxon.

En España, la marca se vinculó a una nueva refinería de petróleo localizada en Castellón y que se inauguró en 1964.

LA COMIDA

UNAS SEMANAS MÁS TARDE, en una comida de ami-
gos entusiastas de los coches clásicos, se me ocurrió comentar la
historia del botijo y enseñarles las fotos.

Para mi sorpresa, mi amigo Iñaki comentó:

—Qué curioso, ¿sabías que el padre de Maite ha sido el
primer ejecutivo de la ESSO en España y que ha vivido en
Castellón, donde se estableció la refinería?

Aún más extravagante fue cuando Ángel, después de ver las
fotos, nos dijo tranquilamente:

—Creo que he visto un botijo parecido a ese.

—¿Dónde? —pregunté con curiosidad.

—En Londres —respondió ante nuestro asombro.

Contó que creía haberlo visto en una foto, en casa de una
amiga. Esta era conocida también por el resto de comensales,
viuda de un coleccionista de coches, que vivía entre Londres
y España. A grandes rasgos, nos contó la historia de Conchita
y Manuel. Así comenzó el «misterio del botijo de Salamanca
hallado en Londres».

Conchita y Manolo

CONCEPCIÓN O CONCHITA, A QUIEN PERSO-
NALMENTE NO CONOCÍA, resultó ser una amiga de Ángel
y del resto de comensales por ser una habitual en un *rally* de
clásicos que se celebra en Asturias. Su marido, Manuel Flórez
Valcárcel, Manolo, fue un personaje con una biografía singular.

Conchita y Manuel el día de su boda

Nació en una aldea de la comarca leonesa de Luna. Estudió
Derecho en Oviedo y emigró al Reino Unido, donde se convirtió
en el primer notario no británico y ejerció hasta su jubilación
en su despacho de Londres. Fue presidente durante muchos años
de la Cámara de Comercio española en la capital británica, y
participó en numerosas operaciones financieras internacionales.
Fue en una de estas, en España, en la que conoció a Conchita.

Se casaron en el año 1995 y se establecieron en Londres, donde vivirían hasta el fallecimiento de Manolo. Tras su muerte, Conchita continúa pasando largas temporadas en la ciudad.

Manolo era un gran aficionado de los coches clásicos. Fue miembro de los más prestigiosos clubes británicos, y muy particularmente del exclusivo Royal Automobile Club. Por esta afición, la pareja conocería a Ángel y a su mujer. Establecieron una gran amistad, que continuaría después de la muerte de Manolo. Su historia se podría resumir como insólita, pues salió de Luna para llegar a la luna.

Pensé: «¡Hay que enterarse!»

ÁNGEL SE QUEDÓ ENCARGADO DE PREGUNTAR. Nos despedimos como siempre, y pensando —al menos yo— que no volvería a saber nada del asunto. No volveríamos a conversar hasta varios días después, cuando recibí una llamada suya:

—He hablado con Conchita. Me ha dicho que le sonaba haber visto la foto. La va a buscar y, si la encuentra, me la manda.

Me alegré de que a Conchita le interesara la historia y de que fuera a investigar el pequeño misterio. Pocos días después, recibí una foto con un mensaje de Ángel. Preguntaba si se parecía a lo que habíamos hablado.

En la foto, además de un botijo parecido al de Salamanca, había una nota manuscrita.

LA NOTA Y LA BUSCA

LA NOTA REZABA:

To my dear uncle Henry, as a memory of your 1903 journey through Spain.

August, 1923

La nota, además, incluía un membrete con los siguientes datos:

Michael Farrinton-Basil sq.
15, Cromwell Pl. London SW.7.
Telephone Mayfair 2356

Si quería investigar, tenía que empezar por la nota. Algo me decía que el secreto del misterio se encontraba en ese mensaje. Además del texto, la nota me daba dos nombres, dos fechas y un viaje por España en 1903. Además, el botijo de la imagen también tenía el logo de ESSO dibujado en él. ¿Cuál sería el vínculo entre ambos botijos?

Con la tarjeta como única pista, empecé a sumergirme en este sugerente problema. Para resolver las incógnitas, necesitaba responder varias preguntas: ¿quiénes eran Henry y Michael y cuál era su relación más allá de ese banal «tío» que figuraba en la dedicatoria? ¿Había alguna razón especial en el año en que se ofreció el regalo? ¿Tenía alguna relación con la fecha del viaje por España al que se hace referencia? Y, por último, ¿por qué un botijo?

Botijo de Londres con el reverso de la nota

Decidí buscar en la red coincidencias y conexiones. Era una investigación imposible para una sola persona, y decidí recurrir a la fuente de información más completa hasta la fecha, la IA (inteligencia artificial). A partir de ese día, bauticé a esta herramienta como mi nuevo ayudante IAN (inteligencia artificial normal). Subordiné su apoyo exclusivamente a la ayuda en la búsqueda de datos. Como no iba a permitir que me robaran el placer de contar una buena historia, también pensé que sería adecuado encontrar un nombre para nuestra pareja de detectives, algo clásico como Holmes y Watson, Starky y Hutch o Mortadelo y Filemón.

El nombre I&M apareció en mi cabeza: IAN (inteligencia artificial normal) y Miguel, la pareja que resolvería el enigma de los botijos.

Así comenzó la búsqueda, con un membrete en una tarjeta postal y mucho empeño. Nombre, dirección, año, por ahí debía empezar a buscar.

Tras analizar la nota con detenimiento, una cosa me resultaba chocante: si bien la tarjeta indicaba una dirección en South Kensington, el teléfono que figuraba era de Mayfair.

South Kensington es un entorno que conocía. El n.º 15, Cromwell Pl., es un edificio de tres plantas, colindante con el instituto francés y situado justo enfrente de la estación de metro de South Kensington.

Además, el año también era una clave importante. En la época en la que se escribió la tarjeta, esta parte de Londres era relativamente nueva. Una zona desarrollada al calor victoriano de la Exhibición de Londres y donde se crearon los grandes museos del Victoria&Albert, el de Ciencias Naturales, y el Imperial College, que agrupó todas las enseñanzas universitarias relacionadas con las ciencias, desde Ingeniería hasta Medicina.

En el año 1923 el barrio ya era una zona de jóvenes profesionales. Después de la Segunda Guerra Mundial, y hasta los años ochenta, se transformó en un área donde convivían grandes casas con habitaciones para estudiantes y hoteles baratos. En los años ochenta la zona se transformó en lo que es hoy: un barrio «pijo».

Mi primera impresión fue que Michael debía ser un profesional joven o de mediana edad, que vivía en un buen barrio. Un dato interesante era que no parecía tener teléfono propio, aunque en esos años tampoco era tan extraño.

Mayfair, a cuya zona correspondía el número de teléfono, era y sigue siendo una zona residencial de clase alta, con comercios de alto *standing* que incluían la venta de automóviles. Todavía hoy en el barrio se encuentran empresas como Ferrari, Aston Martin, McLaren y Rolls Royce.

Rebuscando en directorios de la época, encontré para mi sorpresa que el teléfono que aparecía en la tarjeta coincidía con el de Bentley, Motors Ltd., en el número tres de Hanover Court, London W.1. Ya tenía algo. Michael debía ser un profesional joven que tenía relación con el concesionario de los automóviles Bentley. Tenía que seguir buscando.

Anuncio en prensa de Bentley, 1923

BUSCANDO A MICHAEL
FARRINGTON-BASIL

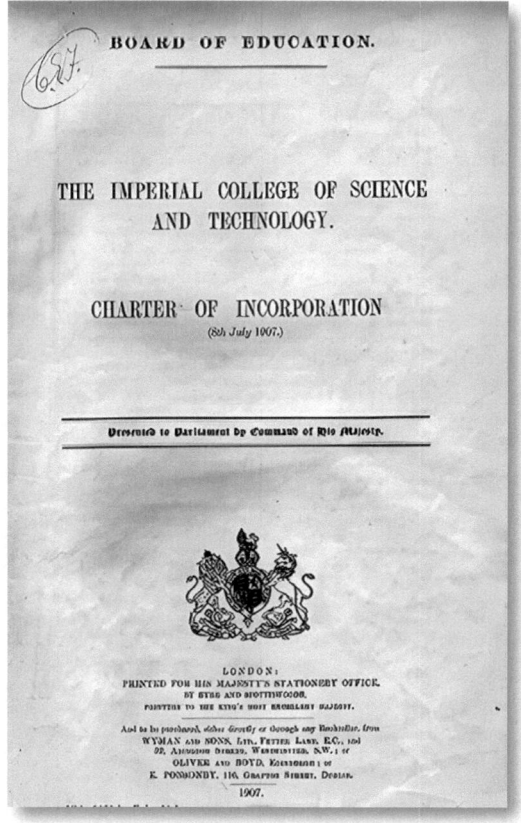

Board of education del Imperial College, 1922

A TRAVÉS DE IAN, Y SIGUIENDO ESTE HILO CON-
DUCTOR, encontré dos posibles referencias a un Michael que
encajaron con el perfil que había construido.

La primera referencia era profesional, extraída del Imperial
College Directory 1922, ya que un antiguo alumno figuraba con
este nombre y tenía el siguiente perfil.

Nacido en Londres en 1888, cursa sus estudios primarios
en Perú y Brasil, donde su padre ejerció como ingeniero. En
1901, ingresa en Londres en la Royal School of Mines. En 1910
se titula en Mining Engineering, por el Imperial College de
Londres. En 1911, ingresa en la Anglo-American Oil Company
(Standard Oil Co.). De 1915 a 1919 presta sus servicios en la
War Office como especialista en logística y suministros. En
1920, al término de la guerra, se reintegra a la Anglo-American
Oil Company como responsable de Iberia dentro de Southern
Europe Operations Group.

La siguiente referencia que encontré procedía de una fuente
muy diferente. Fue en el *Evening Standard* del 10 de julio de 1922,
donde con motivo de la final femenina de Wimbledon, se daba
cuenta de la presencia de un grupo de cuatro jóvenes conocidos
como The Corsica Gang. Hablaban de ellos como «... *a Savoy
Hotel car enthusiast group*». Este grupo lo componían Iggie A., Ian
B., August P. y un tal Michael F., ingeniero. La referencia al Hotel
Savoy era importantísima. El Savoy fue durante los años veinte
el lugar de reunión de un grupo de aficionados y corredores
conocidos como The Bentley Boys.

Había encontrado a un ingeniero relacionado con Bentley
y conectado con el grupo de asiduos al Hotel Savoy. Eran de-
masiadas coincidencias.

Tal vez había encontrado al Michael que estaba buscando. Gracias a la ayuda de IAN, descubrir más cosas de este curioso grupo fue sencillo. Uno de los integrantes del grupo de entusiastas mencionados era Iggie Ascot-Val (Iggie A.), que publicaba esporádicamente en el mismo periódico sueltos de sociedad y *autosport*. Había que averiguar quiénes eran estos jóvenes y el vínculo que les unía, ¿cuál era su relación?

Imagen que ilustraba el artículo sobre el Corsica Gang Evening Standard, 1922

THE CORSICA GANG

LA MAYOR PARTE DE LA INFORMACIÓN que hacía referencia al grupo había salido de la pluma de Iggie Ascot-Val. Gracias a sus sueltos, entendí que se trataba de un grupo de amigos, todos ellos residentes en Londres. Se habían conocido en el verano de 1920, en un *pub* de la ciudad costera de Newquay llamado The Corsica Cave, que daría el nombre al grupo.

Newquay, en la costa de Cournualles, era un destino de vacaciones conocido por sus playas. Descubrí que en esta ciudad radicaba el Newquay Auto Club desde 1914, uno de los clubes más antiguos y longevos de Gran Bretaña, y esa afición a los coches y a la velocidad era lo que les había unido.

En Londres, el grupo más cercano lo formaban cuatro jóvenes: Ignatius Ascot-Val o Iggie, empresario, escritor y *playboy*, con varias novelas de éxito y autor de la mayor parte de las referencias escritas sobre el grupo; Ian Boneville-Doik, rico heredero de ascendencia mexicana; August Padmore-Scott, un especialista en automóviles, mayor que el resto y relacionado con la casa Benz, que suministró muchos de los taxis que circularon por Londres; y Michael Farrington-Basil o Mike, quien yo creía que era el firmante de la nota encontrada y el que podría explicarme el vínculo entre los dos botijos.

Con estos datos, nos fue algo más fácil a IAN y a mí relacionar y reconstruir nuestra historia.

MIKE Y EL SAVOY

DURANTE LA GUERRA y a pesar de las privaciones y bombardeos, el Savoy permaneció abierto y, al igual que los otros grandes hoteles, se convirtió en un símbolo de la tenacidad británica en tiempos de guerra.

Una peculiar forma de resistencia, un lugar donde los miembros de la alta sociedad bebían para demostrar que el enemigo no era lo suficientemente poderoso como para perturbar los rituales de la hora del cóctel o del té.

Y bajo esta impresión un tanto ilusoria de seguridad, los hoteles acogían a estadistas, refugiados de cinco estrellas y espías.

Desde el Savoy se gestó la devolución a España en 1916 de Margaretha Geertruida Zelle, más conocida como Mata Hari, que fue ejecutada en París al año siguiente.

Este era el ambiente del Savoy que Michael frecuentó durante sus años de servicio en la War Office, donde debió de relacionarse con otros jóvenes en su misma situación.

Entre los asiduos se encontraban O.W. Bentley, destinado en el departamento de motores del Royal Navy Service, y Sydeny Charles Hougnton, Sammy, que prestaba servicio en los Royal Engineers y que en 1927 ganó las veinticuatro horas de Le Mans. También a John Duff, Captain Duff, un personaje que resultó ser esencial en nuestra investigación. Este grupo de jóvenes pasaría a la historia del automovilismo como los Bentley Boys.

Tan importante como esta relación fue la que entabló con un joven capitán del ejército español, Mariano Ó Abhainn Espino, destinado en esos años en la agregaduría militar de la embajada española en Londres.

Descendiente de uno de los militares de origen irlandés que acompañaron a Wellington en las guerras peninsulares, resultó herido en la batalla de los Arapiles, y se recuperó de sus heridas en la cercana Salamanca, donde acabó formando una familia con una joven de la nobleza local.

Su nieto, también militar, en razón de su conocimiento de la lengua inglesa, fue destinado durante el conflicto a Londres. Para un oficial de inteligencia, el Savoy, frecuentado por espías, políticos, militares y profesionales que trabajaban en la industria de guerra británica, era sin duda uno de los lugares a frecuentar. Su relación con Michael, que surgió de sus vínculos profesionales con España, pronto se fortaleció y pasó a ser un miembro habitual de las veladas del Corsica Gang.

Al finalizar la guerra, Mariano volvió a España y continuó en contacto con Michael, que siguió con sus amigos del Corsica Gang frecuentando el Hotel Savoy.

Habíamos conseguido identificar al firmante de la nota, pero ¿qué sabía del otro nombre que figuraba en la carta?

BUSCANDO A HENRY SIMON, TÍO SIMÓN

BUSCANDO REFERENCIAS DE HENRY SIMON, la pista más fiable que encontré fue en la sección «Obituary» del *Times* del 12 de enero de 1965.

Entre los obituarios, junto con una brevísima reseña biográfica, se informaba del fallecimiento de Henry Simon en el King Memorial Hospital: *«A well-knonw engineer and sportman»*.

Había nacido en 1870. Ingeniero de profesión, trabajó en Rusia en la construcción de los oleoductos de Bakú de los hermanos Nobel. Más tarde se trasladó a Alemania en Manheim, donde trabajó en la fábrica de la empresa Benz. En la primera década del siglo, regresó a Gran Bretaña para incorporarse a la Anglo-American Oil (Standard Oil). Posteriormente se retiró a su casa de los Costwals. Como *sportsman*, destacaba su pasión por el automovilismo y su participación en la carrera París-Madrid en 1903.

Con estos datos comencé a argumentar similitudes con las que estructurar nuestra historia. Parecía que I&M había identificado los dos nombres de la nota.

Sabíamos por la tarjeta que tenían una relación familiar tío-sobrino, pero además, según los datos encontrados, trabajaron durante algunos pocos años en la misma empresa.

La tarjeta contenía una información que, de ser posible contrastar, confirmaría que habíamos encontrado a los personajes.

Michael, al ofrecer el botijo como regalo a su tío Henry, mencionaba su viaje por España en 1903, el obituario de Henry Simon destacaba su participación en la carrera París-Madrid de ese año.

Ese último era el dato más importante, ya que explicaba la razón del viaje a España en 1903, al que Michael hace referencia en su escrito. Si Henry había participado en la carrera de París-Madrid, solo había que comprobar la lista de inscritos.

Había muchísima información sobre esta carrera que fue tan importante y que causó un impacto mundial, puesto que cambió la industria y el deporte automovilístico.

LA CARRERA PARÍS-MADRID (1903)

A PRINCIPIOS DEL SIGLO XX, las carreras de automóviles no solo eran un instrumento de entretenimiento y *sport*, sino que eran una prueba de fortaleza, el automóvil había llegado para quedarse.

El automóvil representaba el futuro. Setenta años después de la invención del tren, el automóvil hizo de la velocidad una emoción individual, privada y liberadora. De repente, la velocidad se había vuelto controlable, y se podía explorar a voluntad para disfrutarse, aun arriesgando la vida. El peligro, la competencia, la victoria, el dominio de máquinas que alcanzaban velocidades superiores al más rápido de los trenes. Bordear el abismo se convirtió en una emoción que subyugaba tanto a los pilotos como al público.

Cada vez se extendía más el entusiasmo y la fiebre de la velocidad. La pasión crecía de manera simultánea al desarrollo de vehículos cada vez más rápidos, potentes y peligrosos, tanto para los conductores como para los miles de espectadores. El futuro del automóvil se fraguó en las carreras, que eran la vía de difusión del crecimiento de las capacidades de la industria.

La industria francesa del automóvil era en ese momento la más importante de Europa, con un sector que empleaba a más de veinticinco mil trabajadores, y con un flujo de exportaciones de dieciséis millones de francos al año. Lógicamente, fue Francia quien promovió estas carreras, que impulsaban su industria, y nada más lógico que su inicio fuera París.

Reseñas de prensa de la carrera París-Madrid, 1903

Las primeras tuvieron un destino nacional: Rúen en 1894, Burdeos en 1895, Marsella en 1896 y Dieppe en 1897. En el año siguiente, los destinos comenzaron a ser internacionales, con Ámsterdam en 1898, Berlín en 1901 y Viena en 1902. Se trataba de carreras en carretera abierta y por etapas, siguiendo el esquema de las pruebas ciclistas.

En 1902 comienza a generarse una conciencia general de los riesgos que estas pruebas presentaban, lo que llevó al Gobierno francés a considerar la prohibición de las carreras. Por otro lado, cada vez despertaban una mayor expectación. La capital elegida finalmente para la carrera de 1903 fue Madrid.

Podría decirse que la carrera nació en Madrid, y más concretamente en el Palacio Real. El rey Alfonso XIII era un gran aficionado a los automóviles, y fue gracias a su patrocinio real y al de un grupo de entusiastas españoles, en contacto con el Automóvil Club de Francia, quienes propiciaron la celebración de la prueba.

Gracias a IAN pude seguir con detalle la preparación de la carrera a través de las noticias del Automóvil Club de Francia, que publicó el periódico *Le Matin*.

Era tal el interés del monarca que, sorprendentemente, Alfonso XIII aprobó la carrera antes de que el Gobierno francés ni siquiera la considerara. Esta decisión generó en Francia una situación tremendamente incómoda, pues la reticencia del Gobierno francés podía ser malinterpretada por España y dar lugar a un conflicto diplomático.

Se produjo en Francia un intenso debate público y parlamentario, que enfrentaba los intereses de la industria, y no solo de la francesa, y los de aquellos otros que pensaban que las carreteras públicas no debían utilizarse para eventos privados.

Como no se le podía cortar las alas a un pilar de la economía francesa, la industria ganó, y tres meses después de la aprobación de España, el Gobierno francés capitularía la autorización. Se produjo en una reunión del Consejo de Ministros presidida por el presidente de la República, que autorizó solemnemente la carrera, confiriendo así al evento una relevancia inesperada.

La autorización llevaba aparejadas unas reglas muy estrictas, especialmente en lo relativo al uso de las carreteras y al orden público, que nunca se cumplieron. A la fecha de la autorización francesa, ya había unos trescientos participantes inscritos. Un éxito increíble.

Salida de la carrera París-Madrid, 1903

LA CARRERA

LA CARRERA TENÍA UNA LONGITUD DE 1307 KI-
LÓMETROS, y estaba dividida en tres etapas: Versalles-Burdeos
(552 km), Burdeos-Vitoria (335 km) y Vitoria-Madrid (420 km).

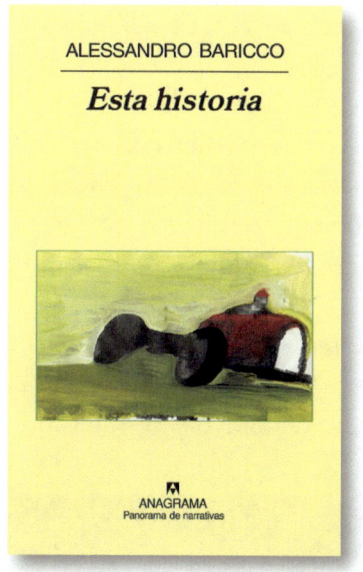

Portada de Esta historia, *de Alessandro Baricco*

La salida estaba programada para el domingo 24 de mayo a
las 3:30 de la madrugada, desde los jardines de Versalles.

Lo demás es bien sabido: los periódicos se habían quedado sin adjetivos e hipérboles para describir el entusiasmo y la
emoción que despertaba la carrera y que ellos mismos habían
contribuido a crear.

37

La carrera era el desafío, el triunfo de la máquina y el coraje... Lo nunca visto. Como cuenta espléndidamente Alessandro Baricco en su libro *Esta historia*, el día de la salida la situación estaba fuera de control. Sus primeras páginas contienen una descripción hipnótica del impacto social del automóvil a través del relato de esa carrera.

Más de cien mil parisinos fueron a Versalles para presenciarla. Las estaciones de Montparnasse y Saint Lazare, desde las que salían trenes a Versalles, habían sido literalmente asaltadas.

La situación era tal que hacía imposible poner la carrera en marcha a la hora señalada, y ya cuando se pudo iniciar, se decidió reducir la distancia entre la salida de vehículos.

Se pusieron en movimiento y de forma casi simultánea doscientos veinticuatro vehículos de diferentes características. Este fue el comienzo de la terrible confusión que continuaría a lo largo del día.

Los conductores estuvieron pronto exhaustos debido al calor, el cansancio y el enorme estrés de conducir coches muy pesados y veloces en medio del polvo y las multitudes.

J. Edmond conduciendo un Darracq en la París-Madrid, 1903

A lo largo del día los accidentes y las muertes se fueron sucediendo, y su eco llegó al Parlamento en París.

En un primer momento, el Consejo de Ministros tomó la decisión de suspender la carrera y que se reanudara en territorio español.

Unas horas más tarde, España se pronunció y se decidió que la carrera se acabara en Burdeos.

Llegaron noventa y nueve vehículos, pero se habían producido numerosos accidentes y heridos, y siete fallecidos. Entre ellos se encontraba Marcel Renault, hermano del fundador de la casa Renault. Los accidentes se siguieron produciendo, ya suspendida la carrera, en el retorno a París. En una Francia conmocionada, se empezaron a buscar causas y responsables.

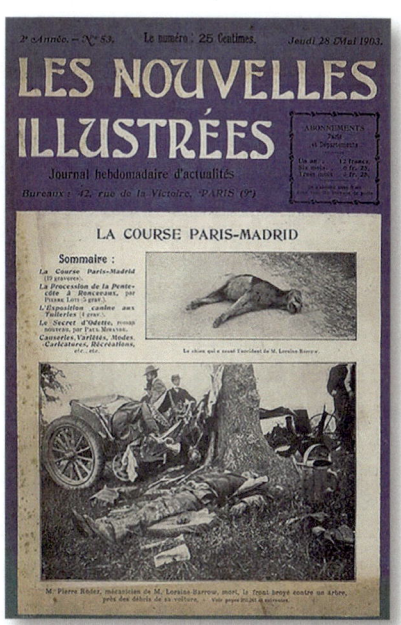

Noticias posteriores a la carrera París-Madrid

Para el periódico *Locomotion Automobile,* las causas de los accidentes fueron la velocidad, que en muchos casos superaba los 140 km/h, y el polvo que levantaban esas enormes máquinas lanzadas a toda potencia. Los conductores se veían, en muchas ocasiones, obligados a adelantar casi a ciegas y el polvo en un día caluroso les dificultaba la respiración.

Por último, la ineficacia e insuficiencia del servicio de seguridad. Las multitudes se alineaban a los lados de la carretera, invadiendo la calzada, y los gendarmes llamados a mantener el orden a menudo se comportaban igual que los espectadores.

Marcel Renault en la carrera París-Madrid

Se produjo un gran debate público y parlamentario con acusaciones a la industria y los políticos. El debate se cerró con la prohibición en Francia de carreras de este tipo en carretera abierta.

¡Se habían acabado las fabulosas y míticas carreras de capital a capital! Comenzaba otra era, la de las carreras en circuito, no exentas tampoco de riesgos para pilotos y espectadores.

Accidente de Marcel Renault en la carrera de París-Madrid, 1903

Reseñas de prensa de la carrera París-Madrid, 1903

Para España, la suspensión supuso una enorme decepción, ya que se habían realizado grandes inversiones y los organizadores contaban para España con el impacto mediático mundial del evento. Suponía igualmente la pérdida de conexión con una industria y un mundo que estaba naciendo y del que el país corría el riesgo de quedarse fuera.

A España le quedaba al menos la pequeña compensación de recibir el Raid Turístico Deportivo organizado de forma simultánea a la carrera.

Volviendo a nuestra historia, Henry Simon no aparecía por ninguna parte en relación con la carrera, pero si el *Times* lo señalaba en su obituario era porque debía de existir alguna relación.

Seguí buscando y encontré la historia del Raid Turístico Deportivo, y con ella, a Henry Simon.

42

LA CARAVANA DE SEGUIDORES

Anuncio en prensa de la caravana de seguidores

AUNQUE LA HISTORIA DE LA CARRERA ES BIEN CONOCIDA, el que los mismos promotores de la prueba, el Real Automóvil Club de España y el Automóvil Club de Francia, organizaron una caravana de seguidores, simpatizantes y curiosos que visitaría España lo era mucho menos. Se llamaría Raid Turístico Deportivo, y era una ruta turística dividida en etapas que debía llegar a Madrid para recibir el final de la carrera.

La ruta se componía de etapas opcionales por Francia, pero obligatorias por España hasta llegar a Madrid. Su paso incluía San Sebastián, Bilbao, Burgos, Valladolid y Salamanca.

Aunque las reglas dejaban que cada uno de los excursionistas se ocupara del alojamiento, la organización prestaba su apoyo en la medida de lo posible.

También aquí, gracias a I&M, fue posible encontrar información.

Número de inscripción.	NOMBRES DE LOS INSCRITOS.	MARCA Y FUERZA DE LOS AUTOMÓVILES.	Número de viajeros.
1	J. E. Boissayo............	Auto-Select (24 caballos)	3
3	Goliot.................	Herald (12 c.)...........	4
6	Conde de Penha-Longu.	C. G. V. (20 c.).........	2
8	Albert Caillet..........	Chenard et Walcker(14c.)	2
9	Lucotte...............	Panhard-Levassor (7 c.)	2
10	Baron Duquesne......	Panhard-Levassor (24 c.)	4
11	Baudelot.............	C. G. V. (15 c.).........	3
12	Henry Simon........	Mercédès (35 c.).........	4
14	E. Prudhomme.........	Chenu (20 c.)..........	3
17	Docteur Sonrel........	De Di n-Bouton (12 c.).	3
18	De Dietrich,...........	De Dietrich (24 c.....,..	6
19	William Hooghlandt....	C. G. V. (15 c.).........	2
20	Mme. Lockert.........	Ader (12 c.)...........	4
21	Conde Recopé.........	De Dion-Bouton (8 c.)..	2
22	Georges de la Neziere..	Peugeot (12 c.).........	4
23	Emile Jeannin........	Ducommun (24 c.)......	2
24	Paul Koechlin........	Ducommun (12 c.)	2
25	Maurice Leroy........	C. G. V. (12 c.)........	4
26	Charles Dansetto......	Panhard-Lev. (15 c.)...	3
27	Marcel Cahen.........	Panhard-Levassor(12 c.)	4
28	Mme. Clarke.........	Renault (15 c.)........	3
29	Georges Level	Renault (24 c.)........	2
30	G. Tranchant	Gladiator (10 c.).......	3
31	Dr. John Grant Lyman.	Panhard-Levasso' (12c.)	4
34	Lottin...............	Darracq (12 c.)........	4
35	Raymond Woolf......	Renault (12 c.)........	2
36	Auguste Wimille,.....	Panhard-Levass'r (7 c.)	2
37	Marteau	De Dion-Bouton (9 c.)..	2
38	Cusson..............	Georg. Darzens (18 c.)..	2
39	Marcel Méran........	Méran et Gervais (15 c.)	2
40	Alfred Sussmann,......	Mors (24 c.)..........	4
41	Albert Arvengas	Darracq (20 c.)........	4
42	H. Vendel............	Serpoll t (40 c.).......	4
43	J. Didier............	De Dion-Bouton (4 c.)..	2
44	Conde J. de Bonvouloir.	Herald (12 c.).........	4
45	A. Roux..............	Georges Darzens (18 c.)	3
46	Ch. Ricordeau.........	Corre (9 c.)............	4
47	Henri Ferretté........	Corre (9 c.)............	3
48	Conde de Cadignac.....	Bardon (12 c.).........	2
52	Stephane.............	Tony Huber (14 c.).....	3
53	Fussien	Tony Huber (14 c.).....	4
54	Saulay..............	Tony-Huber (14 c.).....	3
55	Montariol............	De Dion-Bouton (9 c.)..	3
57	Paul Level...........	Renault (10 c.)........	2
59	Conde de Fontenailles,.	Darracq (16 c.)........	2
61	Robert Reboul........	Gillet-Forest (12 c.)....	2

Lista de coches que tomaron la salida en París

El *Times* tenía razón, habíamos encontrado al tío Henry. En la lista de participantes aparecía, con el número 18, Ms. Henry Simon y tres acompañantes a bordo de un Mercedes doble Phaeton 35 CV.

Y solo otro participante más lo hacía con un vehículo de la misma marca, la baronesa de Zuylen de Nievelt, a bordo de un Mercedes Spider 25 CV.

El relato que sigue es un resumen de los reportajes de la prensa francesa y española que cubrió el evento:

El día 13 de mayo (nueve días antes de la salida de la carrera deportiva) entre las siete de la mañana y el mediodía salieron, desde la plaza de la Concordia de París, 46 vehículos de los 61 inscritos.

De los 46 coches que se presentaron en la salida de la París, 33 estaban equipados con neumáticos Michelin.

Los participantes tomaron la salida y encontraron la carretera algo blanda por las lluvias, pero con la ventaja de la ausencia de polvo.

Mercedes de Henry Simon, que utilizó en el Raid Turístico Deportivo

Las primeras seis etapas en suelo francés transcurrieron sin incidentes reseñables, por allí por donde pasaron fueron objeto de grandes recibimientos, bendiciones arzobispales y celebraciones varias, aunque nada comparable con los que luego recibirían en España.

El día 19 se agrupan en San Sebastián para seguir la ruta juntos a través de España, donde son recibidos con vítores y aplausos.

En Bilbao los coches cruzan por el Puente Colgante de Portugalete, construido en el año 1893.

Allí por donde pasan son acogidos espléndidamente, en el final de etapa se suceden los espectáculos taurinos, lunchs, recepciones y visitas turísticas.

El día 24 de mayo llega la noticia de la suspensión de la carrera y a pesar de lo cual los participantes deciden continuar con el viaje. Con algunos síntomas de desaliento, la excursión turística continuó viaje hacia Madrid, ya sin prisa debido a que el objetivo de reunirse con los competidores de la carrera se había perdido.

LA BARONESA DE ZUYLEN DE NEVSELT, MAD. MARCEL CAHEN Y MLLE. ZUYLEN EN EL ESCORIAL

La baronesa de Zuylen de Nievelt (izquierda), Mad. Marcel Cahen y Mlle. Zuylen posando junto a Henry Simon en El Escorial

Se dirigieron desde Burgos hacia Valladolid, y en el límite entre Burgos y Palencia tuvieron problemas con algunos individuos que les apedrearon, arrojándoles bolas nada aromáticas.

Salamanca era una parada importante porque estaba señalada como depósito de accesorios.

Llegaron a Salamanca un total de 39 automóviles y algunos participantes durmieron en tiendas de campaña en la plaza de toros.

La Sociedad Salmantina de Excursionistas, que había organizado la llegada y los actos a celebrar como agasajo a nuestros visitantes, envió a los alcaldes una comunicación con recomendaciones con el fin de evitar accidentes.

Cada vehículo que llegaba era recibido con efusivos vítores y aplausos del numeroso público, que los automovilistas correspondían.

La Sociedad Salmantina de Excursionistas organizó una serie de actos para los turistas que lo desearan, comenzando por una visita guiada a los principales monumentos de la ciudad. Los Sres. Unamuno, Rodríguez Miguel y otros fueron los cicerones de los privilegiados turistas.

Muy temprano a la mañana siguiente del día 26, los vehículos continuaron su camino hacia Madrid. El primer coche tomó la salida a las seis menos dos minutos, y a pesar de lo intempestivo de la hora, un gran número de curiosos se había reunido en las calles por donde deberían de pasar.

El resto de los coches fue saliendo ordenadamente pero no regularmente hasta las nueve y siete minutos, en que salió el último. En menos de dos horas los automovilistas se detuvieron en Ávila, una vez que la organización había aceptado esta parada al carecer de urgencias por la carrera suspendida. La ciudad muy decorada les recibió espléndidamente.

Tras el almuerzo iniciaron el camino hacia El Escorial, donde se incorporó un gran número de automovilistas madrileños que habían acudido a la excursión organizada por el Real Automóvil Club de España para recibir a los turistas.

A su llegada a Madrid, los coches se concentraron en la Estación del Norte, desde donde en caravana siguieron por la Cuesta de San Vicente, Bailén, Arenal, Puerta del Sol, Carrera de San Jerónimo, calle Sevilla, Alcalá y Paseo de Recoletos, hasta la sede del Automóvil Club de España, donde les fue ofrecido un lunch, *para después conducir los coches a los garajes designados con anterioridad.*

Todos los demás actos relacionados con la carrera suspendida habían sido cancelados. Era el final de trece días de turismo, anécdotas y aventuras. El final del primer raid turístico automovilista celebrado en España.

Llegado a este punto, las piezas empezaban a encajar, ya estaban plenamente identificados autor y receptor de la tarjeta, el sentido de una de las fechas. Ya solo quedaban tres incógnitas por desentrañar: la razón del viaje en 1923 y, las más sorprendentes, el papel del botijo y la razón de su decoración.

Pensé que, puesto que todos los protagonistas de nuestra historia se movían en el mundo del automóvil, para comprenderlos era necesario conocer mejor ese mundo en el intervalo de esos veinte años.

Especialmente porque Henry y Michael, nuestros protagonistas, coincidieron en Gran Bretaña en la misma empresa, la Anglo-American Oil Company, propiedad desde 1900 de la Standard Oil Co., que tenía la marca ESSO dentro de su catálogo.

Noticias de la carrera en la prensa española

Noticias de la carrera en la prensa española

LA RESACA DE LA CARRERA PARÍS-MADRID (1903). EL PETRÓLEO Y LA ESSO

EL DESASTRE DE LA CARRERA PARÍS-MADRID no solo tuvo consecuencias importantes en el futuro de las competiciones automovilísticas.

Tanto los debates que se producen en Europa durante ese año con motivo de la carrera como los del año siguiente en EE. UU. a raíz de la pretensión de Vanderbilt de establecer allí carreras de automóviles se cierran con la victoria indiscutible de la industria del automóvil, que era la realmente afectada. Las carreras seguirán siendo su mejor escaparate.

En ambos continentes, ya nada detendrá la expansión del automóvil y del motor de combustión interna, el «Dios vehemente de una raza de acero», que en 1907 cantaba el poeta futurista Marinetti en su *Canción del automóvil*, ha ganado la carrera.

Fue también el comienzo de una mayor intervención por parte de las autoridades públicas en todo lo relacionado con el automóvil, en su uso y en su implicación en su industria.

La Primera Guerra Mundial fue el momento de mayor esplendor para el mundo del motor. Cuando comienza el conflicto en 1913, los principales hitos de madurez del automóvil ya están alcanzados, el Ford modelo T ha perfeccionado la producción en cadena y lo ha popularizado, los motores son más potentes y fiables y desarrollos técnicos como el arranque eléctrico lo hacen más eficaz. Pero, sobre todo, el motor de combustión interna había desplazado sin remisión a cualquier otro sistema motriz alternativo.

En el conflicto se mostró indispensable como medio de combate y transporte. Aviones, barcos y, sobre todo, tanques, camiones y automóviles.

Las fábricas de automóviles se reconvirtieron para que sus motores se pudieran aplicar en otros campos, especialmente en el de la aviación. Su importancia estratégica puso también en evidencia su punto más débil, el suministro de carburante. De esta dificultad surge la frase atribuida durante la guerra a un general: «El petróleo es más importante que la sangre de mis soldados».

Aunque a principios de siglo la mayor parte de la producción de petróleo provenía de los pozos de Bakú en Rusia, donde había trabajado Mr. Simon, el mayor y más desarrollado mercado era el de los Estados Unidos.

La industria del petróleo fue el apoyo esencial para el desarrollo del automóvil y al comienzo del conflicto EE. UU. ya era el gran productor mundial de automóviles y de petróleo.

El mercado americano era el mayor dinamizador de la industria en su doble faceta de productor y de exportador. En los primeros años del siglo las empresas americanas ya controlaban el suministro, y la mitad de la producción mundial era suya.

El descubrimiento en el curso de la guerra del carácter estratégico del petróleo y de su suministro hizo reflexionar a los Gobiernos europeos acerca de la necesidad de contar con redes nacionales propias.

Era inevitable que se plantearan la nacionalización del suministro a través de la creación de empresas públicas controladas por el Estado.

Primero fue Francia en 1923, con la Compañía Francesa de Petróleos (Futura Total). Le siguieron Italia en 1926 con la AGIP (Agencia General Italiana de Petróleo) y España en 1927 con CAMPSA (Compañía Arrendataria del Monopolio de Petróleos).

Pero ¿dónde aparece la petrolera de nuestra historia? Recordaba que la marca ESSO era propiedad de Standard Oil Co., que a su vez era propietaria en Gran Bretaña desde 1900 de la Anglo-American Oil Company. ¡Donde trabajaron Henry y Michael!

¿Y España?

LA NEUTRALIDAD ESPAÑOLA en la guerra tuvo un efecto muy positivo sobre la economía española y con el fin del conflicto comenzó el despegue del parque automovilístico. Un caso especialmente brillante fue el del Hispano-Suiza y sus motores para aviación.

El aumento del número de vehículos, la apertura de la fábrica Ford en Cádiz y la actividad general hicieron necesario mejorar la distribución de combustible.

Las compañías suministradoras necesitaban estar cerca del mercado y del país, pues si bien la guerra había supuesto un gran crecimiento, también había producido una preocupante situación de inestabilidad social. Esto incumbía especialmente a la Standard Oil, como mayor abastecedora del mercado.

En España, no hubo importación de petróleo hasta 1860. A principios de siglo la principal importadora era la Standard Oil a través de su empresa Vacuum-Oil Company, que en 1925 abastecía el 50 % del mercado nacional.

Michael se había reincorporado en 1920, dentro del grupo de operaciones para el sur de Europa.

ENCAJANDO EL PUZLE

VOLVIENDO A NUESTRO PUZLE, era hora de recomponer las piezas encontradas. Entre las piezas que quedaban por encajar, también habíamos encontrado una razón plausible para la decoración del botijo, y era que en algún momento ambos habían trabajado para la Standard Oil, propietaria de la marca ESSO.

Solo faltaba, ¡casi nada!, encontrar la razón del viaje de Michael por España, del que esperaba poder obtener más información acerca del botijo. Y para ello había que volver a Londres, a sus amigos y al Hotel Savoy.

Ya tenía varios de los misterios de la nota resueltos, identificados los protagonistas y su relación, y aclarada la razón del viaje de 1903.

Sabía que, en 1923, Mike había realizado un viaje por España del que habría salido el botijo de Londres. Una posible razón para su decoración era que en algún momento ambos habían trabajado para la Standard Oil, propietaria de la marca ESSO.

El siguiente paso era volver a investigar a Michael y entender el motivo de su viaje a España, para lo cual había que volver al Hotel Savoy.

LOS DORADOS AÑOS VEINTE, LOS BENTLEY BOYS

LA GUERRA HABÍA PRODUCIDO AVANCES IM-PORTANTES en las técnicas de producción de todo tipo de vehículos a motor, que rápidamente se incorporaron a la competición y la industria.

The Original Bentley Boys

En un mundo que deseaba olvidar el horror de los años anteriores, la competición y las carreras de automóviles se convirtieron en una válvula de escape para pilotos y público. En el Hotel Savoy de Londres recaló un grupo de jóvenes amantes de los automóviles, la velocidad y la diversión, que forjaron una reputación de excelentes pilotos y entusiastas vividores durante los años veinte, especialmente entre 1927 y 1930. Con ellos, la marca Bentley forjó su reputación de éxito.

Anuncio de la carrera de Le Mans

O. W. Bentley decía que la imagen que transmitía el grupo de «unos jóvenes ricos de Mayfair, bebiendo *champagne* con sus amantes en los *night clubs* durante la semana y corriendo en circuitos los fines de semana (donde tampoco faltaba ninguna de estas diversiones)» no estaba muy distorsionada.

Aunque cabe decir que no todos los que a lo largo de la década formaron parte del grupo respondían a este cliché.

Llegaron a la cima de su éxito en 1929, cuando los Bentley Boys acapararon los tres primeros puestos en las veinticuatro horas de Le Mans, y en 1930, cuando ganaron el famoso desafío con el Blue Train, que hacía el trayecto entre Cannes y Calais.

O. W. Bentley, por su experiencia durante la guerra trabajando para la Royal Navy & Air Service, y gracias a sus motores de anteguerra, había podido probar ya en 1919 un modelo de 31HP. Las carreras eran el lugar perfecto para probar la competitividad y fiabilidad de sus modelos.

Con este fin contrató al brillante piloto Frank Clement, que durante los primeros años tuvo como copiloto a John Duff, Captain Duff, que tenía una demostrada experiencia en carreras de resistencia. No era rico, como el resto de integrantes del grupo, y su interés por la marca provenía de su pasión por la velocidad y de la idea de establecer una relación comercial con esta, abriendo su propio concesionario.

MIKE, EL CAPITÁN.
DUFF Y EL ESPÍA ESPAÑOL

EN LA TARJETA QUE MICHAEL DEJÓ A SU TÍO HENRY junto con el botijo, figuraba como propio el número de teléfono del concesionario Bently en Mayfer.

John Duff

Antes de la guerra, John Duff ya había participado con Fiat en diversas pruebas de resistencia y fue quien en 1922 animó a O. W. Bentley a participar en las primeras veinticuatro horas de Le Mans, que se celebrarían el 27 y 28 de mayo de 1923.

Le convenció de que no había publicidad mejor para promover la marca que participar en una carrera nueva de resistencia extrema, con un trazado duro y en el país que en ese momento seguía estando a la cabeza de la industria del automóvil. Ese mismo año terminaron en cuarto puesto, y al siguiente ganaron la carrera.

La intención de John Duff era seguir compitiendo en el continente, y encontró la especial oportunidad participando en la llamada Semana Automovilística de Carreras, que se celebraría por primera vez el 26 de julio en San Sebastián, coincidiendo con la Feria de Muestras. Sería la primera prueba automovilística del Circuito de Lasarte, utilizando el hipódromo que había sido inaugurado en 1917 por Alfonso XIII. Este circuito gozó de gran popularidad en los años veinte y treinta.

Mariano Ó Abhainn, a su vuelta de Londres y después de un corto paso por el Estado Mayor y ya promovido al empleo de coronel, fue destinado en enero de 1923 al Gobierno Militar de Salamanca, donde la cercanía con Portugal constituía una buena base para sus actividades de inteligencia.

Mike y Mariano se habían seguido viendo en Madrid, no solo les unía una buena amistad, sino que además el intercambio de información les era de gran utilidad en sus respectivas actividades.

La combinación de intereses hizo que cristalizara el viaje de Michael por España en mayo de 1923.

John F. Duff y Frank Clement en uno de los primeros Bentleys de tres litros

EL VIAJE DE MICHAEL

CON LA INFORMACIÓN QUE HABÍA REUNIDO, podía suponer las razones del viaje de Michael.

En el Savoy no se hablaba de otra cosa que de la intención de Bentley de participar en las veinticuatro horas de Le Mans.

Por su cercanía a John Duff, Michael sabía de la intención de este de participar también en la prueba de Lasarte, y la cercanía entre ambas carreras, una a finales de mayo y la otra a finales de julio, le permitía a Michael integrar sus vacaciones con el ejercicio de sus responsabilidades profesionales en España con la Anglo-American Oil Company.

Era una oportunidad de encontrarse con su amigo español y conocer directamente la situación política española, que no se presentaba sencilla para los intereses de las compañías petroleras.

Cuando informó a sus amigos del Corsica Gang de sus planes, estos decidieron unirse a la caravana de seguidores británicos que se desplazaría a Francia para presenciar la carrera, pasar unos días con sus amigos franceses y continuar con ellos el viaje hasta el sur de Francia, desde donde ya solos continuarían viaje por España hasta finales de junio, pasando unos días en Salamanca con su amigo, y ya de vuelta a Gran Bretaña asistir a las carreras de San Sebastián.

EL VIAJE, EL NARRADOR INVISIBLE

ES POSIBLE HACER UN SEGUIMIENTO de cómo transcurrió el viaje gracias a los pequeños sueltos que Iggie A. publicó en el *Evening Post*.

En total, se publicaron cuatro artículos, dos de su paso por Francia, con el título «Impresiones de un viajero ocioso, una semana en París» y «Una semana en Biarritz». Sobre su paso por España, publicó dos, uno probablemente en su estancia en Salamanca y otro ya en el camino de vuelta.

Las dos crónicas francesas, París y Biarritz, están centradas en su vida social, que practicaron de manera intensa. Por el contrario, las dos referidas a España, país en el que nunca había estado antes, se volvieron más escuetas e intensas. Castilla le impactó tanto que en su segunda y última crónica adelantó su intención de publicar un libro con sus impresiones del viaje, con el título *Spain, the Luxury of the Empty Spaces. Traveling to the Central Spain* ('España, el lujo de los espacios vacíos. Un viaje a la España central').

No he encontrado información que indique si el libro fue finalmente publicado; en cualquier caso, las notas publicadas son suficientes para hacernos una idea general de cómo se desarrolló el viaje.

LE MANS-PARÍS

DOS DÍAS ANTES DE LA CARRERA, Michael, Iggie, Ian y August salieron de Londres y conduciendo sendos Hispano-Suiza 32, en dirección a París, donde se encontraron con sus amigos Louis de la Vallée y Bertrand d´Oléon, grandes amigos que participaban de las actividades del grupo cuando pasaban largas temporadas en Londres.

Hispano-Suiza H6

Ya juntos continuaron hasta Le Mans, donde disfrutaron siguiendo la carrera en la que John Duff terminó en magnífico cuarto puesto, un excelente resultado para el futuro de Bently.

John Duff, número 8 en los boxes de Le Mans

Salida de la carrera de Le Mans, 1923

El domingo 27 volvieron a París, donde pasaron unos días en el palacete la Av. Malakoff (hoy Av. Raymond-Poincaré) en compañía de sus amigos franceses Louis y Bertrand.

La crónica de Iggie no ofrece dudas de lo mucho que disfrutaron de las cerca de dos semanas que pasaron en la ciudad. En sus propias palabras:

> *Paris is preëmintly the city of pleasure. Is the cradle of the freshest thought the new fashion?* ('*París es, ante todo, la ciudad del placer. ¿Es la cuna del pensamiento más fresco de la nueva moda?*').

A lo largo de su artículo se van desgranando referencias a restaurantes, bares y *night clubs* de moda. Parece que sus jornadas nunca empezaban antes del mediodía y acababan muchas veces con el desayuno. Si ese fuera el caso, recomienda una sopa de cebolla en alguno de los establecimientos de Montparnasse. Pero hasta llegar a ese momento había un largo camino que recorrer.

Pero no todo fue frivolidad, en esos días París tenía una vibrante actividad intelectual y social, diariamente se podía asistir a nuevas exposiciones, estrenos de obras de teatro o veladas musicales. En estos recorridos fueron de la mano de sus amigos franceses Bertrand y Louis, muy conectados con el mundo artístico y con la colonia artística extranjera, especialmente activa, Hemingway, Joyce, Dos Passos, Stravinski o Gertrud Stein.

El viernes 15 salieron de París en dirección a la costa atlántica.

De su viaje hasta Biarritz no hay ninguna mención, Iggie escribe una sola crónica que se publica cuando ya están en España, y he aquí su impresión:

Biarritz is the French resort with a Spanish flavour. The daily routine is simple. Biarritz rises languidly about noon, pulls on a bathing suit or a kimono and takes a walk to the beach. After a hasty dip one dresses for lunch. Before lunch one takes a cocktail at La Chaumiere. The accepted hour for lunch is 2pm. Thereafter, it is necessary for a snooze and then more, cocktails, dinner and dancing sprinkled of course with fetes, galas, tennis, polo and gossip. ('Biarritz es un resort francés con sabor español. La rutina diaria es sencilla: Biarritz se levanta lánguidamente alrededor del mediodía, en traje de baño o kimono y se da un paseo hasta la playa. Después de un chapuzón apresurado, te vistes para el almuerzo. Antes del almuerzo se toma un cóctel en La Chaumiere. La hora aceptada para el almuerzo son las 2 de la tarde. Después, es necesario dormir una siesta y luego más cócteles, cena y baile salpicado, por supuesto, de fiestas, galas, tenis, polo y chismes').

Ambas crónicas respiran una vida ¡muy monótonamente años veinte!

España

AUN CON UN ESPÍRITU POSITIVO la realidad era que viajar por España en 1923 no era fácil, y menos en los meses de junio y julio. Había que soportar las penurias del calor, de los caminos y del alojamiento.

En las carreteras seguían predominando las «ventas» del Siglo de Oro, de las que los viajeros clásicos afirmaban que «el mismo aceite se usaba indistintamente para los candiles y para la comida». Advertidos, hicieron paradas más largas en las capitales de provincia, donde resultaba más fácil encontrar buen alojamiento y comida.

Viajando en coche el acceso y transporte de agua potable eran un gran problema, tanto por su salubridad como por su almacenamiento. Y a partir de Vitoria empezaron a tener experiencias poco gratificantes con el suministro de agua.

En Burgos, donde hicieron una parada más larga, quedaron impresionados por su catedral en mármol blanco, «*unquestionably one of the noblest specimens of Gothic architecture in the world*» (*'sin duda uno de los más nobles ejemplares de arquitectura gótica del mundo'*), y no menos por el bullicio de sus calles abarrotadas, «*mingled with the cries of "water, fresh water"*» (*'mezclado con los gritos de agua, agua fresca'*).

¡Aquí es donde por vez primera descubren el botijo!

En el Hotel Condestable, donde se alojaban, cuando comentaron su preocupación por el suministro de agua a medida que se dirigían al sur, su director les recomendó utilizar el botijo.

El mismo que habían visto en la calle a los aguadores, les explicó que era un clásico sistema tradicional español, un recipiente ancestral que combina las funciones de almacenar y refrescar. Haciendo una vez más honor al carácter excéntrico que los viajeros ingleses tienden a mostrar en su paso por España, el grupo decidió seguir el consejo y utilizar el botijo, del que seguro que en poco tiempo mostraron la misma habilidad que los nativos.

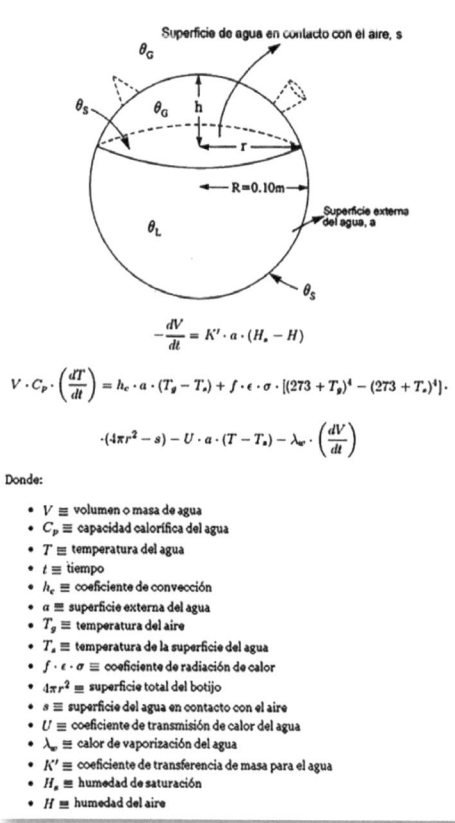

$$-\frac{dV}{dt} = K' \cdot a \cdot (H_s - H)$$

$$V \cdot C_p \cdot \left(\frac{dT}{dt}\right) = h_c \cdot a \cdot (T_g - T_s) + f \cdot \epsilon \cdot \sigma \cdot [(273 + T_g)^4 - (273 + T_s)^4] \cdot$$
$$\cdot (4\pi r^2 - s) - U \cdot a \cdot (T - T_s) - \lambda_w \cdot \left(\frac{dV}{dt}\right)$$

Donde:

- $V \equiv$ volumen o masa de agua
- $C_p \equiv$ capacidad calorífica del agua
- $T \equiv$ temperatura del agua
- $t \equiv$ tiempo
- $h_c \equiv$ coeficiente de convección
- $a \equiv$ superficie externa del agua
- $T_g \equiv$ temperatura del aire
- $T_s \equiv$ temperatura de la superficie del agua
- $f \cdot \epsilon \cdot \sigma \equiv$ coeficiente de radiación de calor
- $4\pi r^2 \equiv$ superficie total del botijo
- $s \equiv$ superficie del agua en contacto con el aire
- $U \equiv$ coeficiente de transmisión de calor del agua
- $\lambda_w \equiv$ calor de vaporización del agua
- $K' \equiv$ coeficiente de transferencia de masa para el agua
- $H_s \equiv$ humedad de saturación
- $H \equiv$ humedad del aire

Fórmula del efecto botijo

Ya en Salamanca disfrutaron de la hospitalidad de su amigo, con el que pensaban viajar hasta Madrid; sin embargo, su anfitrión, bien informado por su posición en la cúpula militar de la situación política y social, aconsejó a Mike modificar su itinerario y no pasar por Madrid.

La decisión de no viajar a Madrid les permitió pasar más tiempo en Salamanca.

Botijero en Salamanca, 1923

Visitar con más detenimiento la ciudad, maravillarse ante su catedral, sus edificios y su pasado, pero también satisfacer su interés por algo de lo que en París no dejaron de escuchar, la «fiesta». Su anfitrión les proporcionó la oportunidad de conocerla más de cerca.

No solo pudieron asistir a una corrida, sino que pudieron también ver al toro de lidia en su entorno natural.

A diferencia de sus compañeros, para Michael el viaje no era solo turístico, era también profesional, por esa razón le aconsejó un cambio de itinerario en el que sustituyera su visita a Madrid por un recorrido por el noroeste peninsular, visitando la ciudad de León, que en su opinión combinaba la parte turística y la parte profesional.

León era un destino que por diferentes motivos le convendría tener en cuenta a su empresa. De un lado, por la apertura en León de la estación de ferrocarril de Matallana, que unía directamente la cuenca hullera leonesa con los Altos Hornos de Bilbao y la de la línea férrea entre Astorga y Andalucía.

León en 1923

Y, por otro, y muy especialmente, por el comienzo de las operaciones en el aeródromo de la Virgen del Camino, que cubría toda la región noroeste y era uno de los cuatro aeródromos militares existentes en España.

En los primeros días de julio continuaron camino a León pasando por Zamora y Tierra de Campos, visitando algunas de las pequeñas iglesias románicas del camino.

En León y sus alrededores pasaron varios días, desde donde rehicieron el camino de vuelta para asistir a la carrera de Lasarte.

El segundo de los artículos, ya publicado en septiembre y escrito al final del viaje por España, es más breve y es en el que anuncia su intención de recoger sus impresiones en un libro.

LASARTE, 1923.
¡ADIÓS, ESPAÑA!

EN SAN SEBASTIÁN VOLVIERON a encontrarse con sus amigos, que continuaban en Biarritz, y juntos asistieron a la Semana Automovilística de Carreras.

La neutralidad española durante la Gran Guerra había convertido San Sebastián en un refugio para las grandes fortunas europeas, a lo que había contribuido la afición del rey Alfonso XIII a pasar sus vacaciones de verano.

El deseo de desarrollar su potencial turístico se concretó en 1922 con la celebración de una primera edición de una feria de muestras y en 1923 al incorporar durante esa semana una prueba internacional de automovilismo. Se pensó primero en un raid París-San Sebastián, que fue descartado, y se apostó por una competición con un recorrido que incluyera el hipódromo de Lasarte, inaugurado el año anterior por el rey.

Hasta 1935 la prueba fue una cita imprescindible del calendario automovilista internacional.

La celebración de la carrera despertó una enorme expectación y nadie quería perdérsela. Durante varios días compitieron motos, autociclos y diversas categorías de automóviles.

Su amigo John Duff, que llevaba como copiloto a Garnier, participaba en la categoría superior de turismos, de más de 4500 c. c., con veinticinco vueltas al circuito y un total de 445,37 km.

La carrera se abrió con una vuelta de honor del rey Alfonso XIII conduciendo el modelo de Hispano-Suiza que llevaba su nombre.

Su Bentley, con el número 10, se mantuvo desde la salida en las primeras posiciones, pero en la octava vuelta, yendo en primera posición, un accidente provocado por la presión de los Hispano-Suiza le sacó de la pista. No pudiendo recuperar su posición, terminaría en sexto lugar.

J. Duff y Garnier en la salida de Lasarte

Ganó la carrera André Dubonnet, al que habían conocido en París por mediación de Bertrand solo un mes antes y que en algunos tramos superó los 130 km/h.

En cualquier caso, un magnífico resultado del que seguro disfrutaron sus amigos del Corsica Gang.

La última crónica española la terminaba de esta manera:

It is a joy forever to have seen you. Hereafter in the picture gallery of my memory there will hang no more brilliant and alluring tableaux than those which are tinted by the sun of Spain. ('Es una alegría eterna haberte visto. De aquí en adelante, en la pinacoteca de mi memoria, no colgarán cuadros más brillantes y seductores que los que están teñidos por el sol de España').

¡No cabe duda de que el mes que pasaron en España les impresionó!

La «verdadera» historia

del botijo

LLEGADOS A ESTE PUNTO, tenía ante mí todas las piezas del rompecabezas. Conocía los vínculos de los personajes y la razón de sus viajes a España.

Había un botijo en Londres y una nota que nos permitía saber que Michael, el firmante, era el sobrino de Henry, el receptor. Sabía que ambos eran ingenieros y que habían trabajado para la misma compañía petrolífera, y que les unía su pasión por los automóviles.

Con veinte años de diferencia, ambos habían viajado a España. Los dos habían compartido el viaje con buenos amigos, y habían vivido momentos históricos del desarrollo del automóvil: Henry en la carrera de París-Madrid, y Michael en las primeras carreras de Le Mans y de Lasarte.

Hasta aquí, los resultados de la investigación son todos ciertos, salvo los que no lo son.

Faltaba por descubrir lo más importante, la razón de la existencia del botijo y su decoración, y la relación, de existir, entre el botijo encontrado en Salamanca y el de Londres.

Lo que sigue a continuación es un pequeño «relato de ficción», de la posible historia de los botijos y su conexión.

El relato «*WATER, WATER*»

CONOCEMOS, POR EL RELATO DEL VIAJE, la impresión que les causaron los aguadores de Burgos y sus botijos y también la recomendación que les hicieron acerca de la bondad de su uso, así como las referencias en su relato de la corrida de toros en Salamanca.

Fue en Salamanca donde pasaron un tiempo valorando si continuar su viaje a Madrid y, ya convencidos de las bondades del botijo, donde decidieron incorporar alguno más a su ajuar.

Loa del botijo y los botijeros

Su anfitrión les presentó al que se consideraba el mejor alfarero de la ciudad, formado en Talavera y Puente del Arzobispo, de nombre Miguel, que se ofreció a utilizar alguna de las decoraciones tradicionales. Precavidos y pensando en la fragilidad del recipiente, encargaron varios con el mismo diseño.

Sus amigos decidieron «compensar» a Michael por su no viaje a Madrid regalándole uno con la decoración de una de las marcas de su empresa, que precisamente en ese año estaba modernizando su tipografía.

En la carrera de Lasarte, que se celebraba sobre un circuito de tierra, pusieron algunos de estos botijos al servicio del equipo de John Duff. De hecho, en la base del botijo encontrado en Londres, aún se puede ver una tenue marca hecha con carboncillo en la que se distinguen una «J», una «D» y «1923».

¡El botijo de Londres pasó por Lasarte! Una razón más para que Michael se lo ofreciera a su tío.

Base del botijo de Londres, con «J», «D» y «2023» marcados en ella

EL BOTIJO ENCONTRADO
EN GRAN BRETAÑA

HENRY HABLABA FRECUENTEMENTE con Michael de su viaje de 1903. A su regreso, después de varios meses de viaje por Europa, nada más lógico que Michael visitara a su tío en su casa de campo de los Costwalds. Sin duda, después de lo vivido, su común pasión por el automovilismo era además una razón añadida para esa visita.

Con su peculiar humor, Michael, al que acompañaba August, viejo amigo de Henry de los tiempos de su paso por Benz, cuando lo visitó le ofreció un regalo que unía todo lo que Henry apreciaba, un objeto que le recordaba su viaje por España, que había sido usado en un evento automovilístico, Lasarte, y que además tenía la tipografía de su antigua empresa. Michael le entregó un botijo, el que encontramos en Gran Bretaña.

Manolo con su MG en Asturias

79

Pero ¿cuál había sido su recorrido desde esa fecha en 1923 hasta que aparece en manos de Manolo y Conchita?

Cuando Henry falleció en enero de 1965, como era habitual algunos de sus objetos se pusieron a la venta y normalmente si tenían interés eran ofrecidos a algunos de los feriantes de los mercadillos locales. Con toda certeza, ese fue el destino del botijo.

En 1965 Manolo hacía solo unos pocos años que residía en Londres, pero ya disfrutaba de excursiones de fin de semana con su recién adquirido MGB descapotable British Racing Green, del que afirma en su libro *Largo rodaje a veces trabado y sin ruedas:* «Lo compré para salir de la metrópoli a respirar el aire fresco de la campiña».

En esos fines de semana en la campiña era habitual que, además de visitar los *pubs* locales, se visitaran mercadillos y las pequeñas casas de subastas, que en los alrededores de Londres se nutren de objetos provenientes del vaciado de casas de la zona. Fue así como Manolo encontró el botijo y la nota. ¿Por qué lo compró? Ya fuera por curiosidad o porque tuviera alguna conexión personal, lo innegable es que compró el botijo.

El motivo puede residir en una coincidencia sugerente, en el hecho de que Manuel procediera de la provincia de León, donde en 1923 habían hecho escala nuestros viajeros.

Por fechas, era imposible que se tratara de una impresión personal, por tanto, debía ser un recuerdo transmitido por alguien. Tal vez por su padre. Aunque León contaba en 1923 con doscientos cincuenta y un automóviles —de los cuales, doscientos cuarenta eran Ford T—, es seguro que la visión de los dos Hispano-Suiza británicos que incorporaban en su equipaje botijos no fuera fácil de olvidar y motivara comentarios. Quienquiera que fuese quien los viera transmitió este recuerdo a Manolo.

EL FINAL: EL DILEMA
DE LOS DOS BOTIJOS

LA INVESTIGACIÓN, QUE HABÍA SIDO LABORIO-
SA y me había dejado exhausto, parecía resuelta. El equipo I&M
había quedado satisfecho.

Habíamos creado la historia de un botijo y una nota. Ya
solo quedaba por hacer una réplica del botijo para los que habíamos compartido la historia, incluyendo sin falta a Conchita,
a la que habíamos nombrado presidenta del que llamamos Club
del Botijo.

Lucía, hija de Marta, se había ofrecido a reproducir el dibujo
cuando solo era *mi* botijo. Ahora que éramos un club, necesitá-
bamos un profesional.

El tándem I&M se volvió a poner en marcha. Encontré en la
red un taller de alfarería de Puente del Arzobispo que, entre otras
cosas, producía botijos. Le contacté y el propietario resultó ser
una persona encantadora, además de un reputado alfar. Le planteé
lo que quería, y me dijo que no me preocupara, que él hacía los
botijos y se ocupaba de encontrar a alguien que los pintara. Le
mandé las fotos y quedé en ir a verlo en persona.

Juan Miguel resultó ser aún más encantador que por teléfono. Le enseñé las fotos, las de Salamanca y las que había enviado
Conchita, y cuando le conté la historia me confirmó lo mucho
que le divertía realizar este encargo. Convinimos el precio, y di
por terminada la historia, o al menos eso creía yo, cuando poco

después (de ver las fotos con detenimiento) me sorprendió con un detalle que no había descubierto hasta entonces:

—Oye, ¡que los botijos no son iguales!

Yo no había detectado diferencias, para mí un botijo es un botijo, pero cuando comparé las fotos vi que tenía razón. Para más inri, y como si fuera poco, riendo añadió:

—¡Y tampoco los dibujos!

También tenía razón.

Botijo expuesto en el Museo de la Automoción, Salamanca

Botijo de Londres con el anverso de la nota

Me asaltaron los peores pensamientos. ¿Y si todo nuestro esfuerzo, nuestra historia, se quedaba en el aire? ¿Y si el botijo de Manolo no era más que un *souvenir* de gasolinera que habría comprado en Benavente en un viaje de vuelta a Londres, sin ninguna historia?

Los dos eran reales, pero ¿cuál de los dos era el auténtico? O, mejor dicho, ¿el de Londres era el auténtico, comprado en Salamanca, y había pasado por Lasarte hasta llegar a manos de Manolo?

Ahora, para solucionar el dilema, debía fijarme no ya en la tarjeta, sino en las diferencias entre ellos.

¡LA CLAVE ESTÁ EN EL LOGO!

AHORA BIEN, ¿CUÁL ERA EL AUTÉNTICO?

Esta nueva investigación no resultó difícil para la ya veterana pareja I&M. Entre la documentación que había manejado, recordaba haber visto una historia de la evolución del logo de la marca ESSO. Solo había que ver las fechas de cada uno de ellos.

La comparación de los logos nos indicaba que el botijo de Salamanca era, sin duda alguna, una recreación del encontrado en Londres, ya que conserva la tipografía original de 1923. Por el contrario, el logo del botijo de Salamanca data de 1964, fecha en la que se dio a conocer la marca en España. Lo que indica que el botijo de Salamanca es posterior a esa fecha.

Evolución del logo de Standard Oil

El dilema de los dos botijos quedaba resuelto.

Lo que plantea una nueva pregunta, que se quedará sin respuesta: ¿por qué y para quién se fabricó el botijo encontrado en Salamanca?

Encontrar la respuesta a esta pregunta seguro que es otra historia.

¡Esa sí que es otra historia!

ÍNDICE